CANTO ALGUM

Flávia Reis

CANTO ALGUM

Copyright © 2020 Flávia Reis
Canto algum © Editora Reformatório

Editores
Marcelo Nocelli
Rennan Martens

Revisão:
Marcelo Nocelli
Natália Souza

Design e editoração eletrônica
Karina Tenório

Dados Internacionais de Catalogação na Publicação (CIP)
Bibliotecária Juliana Farias Motta CRB7/5880

Reis, Flávia, 1975 -.
  Canto algum / Flávia Reis. -- São Paulo: Reformatório, 2020.
  104 p.: il.; 14x21 cm.

  ISBN: 978-65-88091-13-5

  1. Poesia brasileira. I. Título.
R375c   CDD B869.1

Índice para catálogo sistemático:
1. Poesia brasileira

Todos os direitos desta edição reservados à:

Editora Reformatório
www.reformatorio.com.br

Canto Algum ficou sem epígrafe a inaugurar o seu mistério. Poemas escritos em ano de mortes abrem espaço apenas ao silêncio, o não-lugar, este algum-nenhum, sem canto e sem canto.

FLÁVIA REIS

SUMÁRIO

11 EU, DRONE
13 CICATRIZ
15 ÊXODO
17 DESLADO
19 VENETA
21 SALVA DE PALMAS
23 LENDO IMAGEM
25 CAQUI POENTE
27 CHEGA DE SAUDADES
29 NÃO PASSO POR ISSO
31 NA TORRE
33 EL PAÍS
35 LAUNCH AMERICA
37 DIA DOIS DE JUNHO
39 FORA
41 GÁRGULAS
43 PROCURA-SE PSIQUÊ
45 DEZ ANDARES
47 IRMÃOS
49 ESPAÇO-TEMPO
51 GUIZO

53	TRIZ
55	DESFEITA
57	CASTANHOLAS
59	DÉCIMA SEXTA SEMANA
61	POEMA 26
63	NABUCODONOSOR
65	DORMÊNCIA
67	ÓBICE
69	LUGAR COMUM
71	ROL
73	VANGLÓRIA
75	TRINTA E OITO GRAUS NO CÍCULO POLAR
77	CASA DE ASAS
79	QUARTO DO GRITO
81	BLEFE
83	OLHEIRAS
85	SÃO JOÃO DISSE QUE NÃO...
87	CANTO ALGUM
89	(DE)VASTIDÃO
91	QUADRADINHO
93	O BARQUEIRO
95	A LIBERDADE DA LUA
97	NEBRASCA
99	O PANTANAL NÃO É ROMA
101	ANTES DO FIM

EU, DRONE

Ei de lembrar daquele sonho
com o presidente desaparecendo num avião da FAB.

Se os seus sonhos não têm espaço
para tanto, tudo bem
fique com suas praias, seus campos abertos,
sua ponte Rio-Niterói, seus verões sem fim.

não há saída agora,
e aqui dentro, não há enlevo
a menos que eu pule dessas alturas do edifício,
mas não tenho utensílios de quimera
nem vocação para morrer

nenhum pássaro vem ao meu encontro,
nenhum animal apaixonado,
nenhuma odalisca me traz uma bandeja de figos,
estou aqui dentro levando foras.

há um estetoscópio sobre a mesa,
sou surda do ouvido direito,
o esquerdo – na reta do coração,
escuta esta ironia:
[nunca ouvirei meu coração com dois ouvidos]

um drone passa fronteiras,
sou eu, o drone,
esta falta de limites para sonhar
tem alta nebulosidade,
uma pista de pouso, uma turbina impetuosa,
a aeronave acaba de decolar para longe,
leva embora o presidente.

uma raiva, química verdade,
dois, três arrependimentos
acesso ilimitado para não-sonhos.

fica o gosto por frutas secas.

CICATRIZ

não quero te espantar, passarinho
vem, pouse aqui nesta mão,
não repare a cicatriz

caí com um copo de vidro,
arrebentou o tendão

agora, evito bater palmas!

repare,
há um sinal,
acento circunflexo,
cortou a linha da vida,
coitada da cigana!

este calombo se finge de travesseiro
deita aí, a mão já foi
(re)lavada duzentas vezes
pia
     em silêncio comigo, passarinho

a manhã é um desvéu
de nós dois – só você pode voar!

esta mão tem asas

se brincar de luz e sombra
há dois dedos para sempre
dormentes
os outros todos estão acordados

ainda bem, passarinho.

ÊXODO

nunca é fácil espremer-se numa estúpida estrofe,
é preciso olhar o mundo,
fazer pelo mundo!

sair deste poema,
imediatamente.

DESLADO

a vida precisa me contrariar
à base de golpe,
arapuca dum bicho

há um estado decantado,
um gole de cólera,
shot de rejeição,
sombra e desassombro

vinte e um mil sacos
                calados

a realidade do mundo já absorveu todas as merdas
sagradas, profanas,
destras, canhotas,
são muitas fronteiras nesta vida

pra quê tantas divisórias, meus Deus?

mistura-se tudo ao mesmo tempo,
tanto quanto mistura-se o amor
por dois filhos,
dois gatos,
dois ídolos.

[o caos é subliminar]

uma batalha desafia a vida que aponta a lança

arma distância.

VENETA

veio no meu pacote de dados.

SALVA DE PALMAS

quem me dera acreditar no que você diz,
quem me dera!
foi uma espécie de aplauso
e não posso ser aplaudida
não sou da linha de frente!

sou da linha de trás,
a linha última!
do nó emaranhado
do apuro, da Gólgota

é melhor não aplaudir angustiados
[como eu]
este poema é um mal súbito,
a desgraça dum tormento
que me arranca desse mundo
torturado

só queria te contar
dos sonhos de Dalí,
poder sair daqui
pra ver rinoceronte.

a carne viva recebe a luz do sol
ao mesmo tempo em que corto

dois limões.

LENDO IMAGEM

[Dedicado ao velho da capa do Vinil do Led Zeppelin]

ele vem ao meu encontro,
peso páramo do mundo,
encurvado de enigmas
ele vem vindo, devagar

o feixe em suas costas,
amarrado em receio,
é um fardo de dúvidas

galhos ásperos, (auto)críticas,
aquele peso que me pertence
é seco

a bengala, o homem, a barba
o chapéu, a velhice,
os olhos, as hérnias
todo o chão que ele pisa
de mato e marias-sem-vergonha

as camadas dos antigos papéis de parede,
descascam a fé,

a casa destruída.

CAQUI POENTE

no palco do sol
dá-se vozes, holofotes
pois que habitam as trevas

uma maçã machucada
permanece fruto do conhecimento

o interior do caqui, mora no escuro

corta-se uma rodela e ergue-se ao sol
para que seja visto, como hóstia

[esta fruta não para de se pôr]

as coisinhas sem importância postas no palco do sol
de Rá,
atravessam as almas

em pedaços.

CHEGA DE SAUDADES

a realidade é assim, João Gilberto!
enquanto ajeito a juba
encontro três tons de fios
de incertezas

canta para ele, também
com aquela barba por fazer
o mar pelas costas
derruba paredes,
chuta baldes,
corre no calçadão,
destila venenos,
candidatos,
carnavais, quibes.

nunca há de chegar a tal hora!

tudo está fechado
a ponte aérea,
o beco do Batman
a pizza elétrica

cancelaram nosso 007!

fale com ele, João Gilberto
diga para me tirar para dançar
uma música que não se dança

tudo o que me entregas
são migalhas,
parcas e frias notas

não me interessam joias,
quero a mão inteira,
todos os dedilhados
o violão.

NÃO PASSO POR ISSO

não sinto falta
de voltar para casa.

NA TORRE

esta zona
de conforto
esta toca
forrada
presépio sem reis
e vaquinhas

dois espectros de pijamas,
um casal de macho e fêmea,
duas crias

às vezes pego em agulha,
ponta de faca
que espetam a alma
e a batata

costuro o pescoço
do coelho de pano,
ideias e medos

às vezes, jogo xadrez,

perco todas.

EL PAÍS

eu não devia
ter nascido
aqui:
neste curral
de boi
barroso
tropical militar

o boi
descontrola
o pasto
paraíso
da boiada
que passeia

pesadelo,
meu amigo,
não morra,
por favor!

[não mora, não morra!]

o boi
irracional
muge

um tiro,
os dardos são brasileiros
de falso alvo

não adianta
amassar uma panela
de pressão

o rebanho é surdo.

LAUNCH AMERICA

por instantes,
esqueci-me
de que sou
astronauta
nesta nave de versos –
– sideral sofreguidão

parto da Terra,
decolando da
estrofe-Canaveral

a cápsula, os propulsores
dos teclados
a energia desses dedos

respiram na gravidade
do mundo
         estragulado.

DIA DOIS DE JUNHO

trinta e uma mil razões
para riscar de vermelho,
traçar o xis, marcar
o calendário gregoriano
a folhinha com as filosofias
da Mafalda

a areia cai sobre a ampulheta
enquanto tropas de choque
invadem
         a Avenida Paulista

todo tipo de risco de contágio,
veio pelo olhar,
a troca dos ares
militâncias, Fridas, militares.

o dia dois de junho
não sei se houve,
houve,
não houve.

FORA

na porta de entrada
da casa
há sapatos à espera
do arranque

um casal de tênis
de prontidão
perseguidos pela ideia
duma fuga

gêmeos chinelos
não trazem arrastos,
piches do asfalto
o cocô do cachorro
[dá sorte]

quando esses sapatos poderão sair
por mais tempo?

o tempo
o tempo, sim, é
a única coisa que entra em casa,

descalço[s].

GÁRGULAS

os
gatos
se
alternam
comigo
no
parapeito
do
abismo

cada
um
sabe
a
hora
certa
de

alar.

PROCURA-SE PSIQUÊ

revira estantes,
ondas, rebuscas,
asas, cupidos

todo o escuro do mundo
para encontrá-la.

Implora-se aos portais
às Afrodites,
aos quatro cantos
do mapa *submundi*

implora-se à escuridão onde se ama

só Psiquê se curva ao prazer
e à tortura
dum amor

obstinado.

DEZ ANDARES

[O elevador]

desce
o homem

sobe
a mulher

desce o lixo

sobe a pizza

desce
o menino

sobe a mãe
com o cachorro

desce o
trabalhador

sobe
a doença

desce
o medo

[o elevador]

não me sobe
não me desce.

IRMÃOS

tem dia em que ele queria ter o amor dela
o coração dela
a atenção dela

tem dia que está tudo bem
ele aprende a ser ele

encontra o traço
rabisca olhos
um de cada cor
o verde é dele,
o castanho é dela.

tem dia em que ela queria ter a vida dele
a cabeça dele
o aniversário dele
as roupas dele

tem dia que está bem
aprendendo a ser ela

estuda fração,
separa dois oitavos
do seu amor

e entrega aos gatos.

ESPAÇO-TEMPO

plenas incertezas,
pontas desacertadas dos dilemas
nevoeiros, brumas,
agulhas no palheiro do nada saber

a insuficiência cardíaca das respostas

existe alma? deus? uma fonte?
se se morre? acaba?

baila a dúvida no espírito de alguém!

vem dançar comigo,
rodopia sem parar
na pior,
a do buraco negro:

quando?

GUIZO

derramei arroz numa garrafa pet
para produzir o som
dos arrozais

os grãos secos
no hermético,
escorrem o atrito

[não sinto falta do meu bem]

o ritmo é uma espécie de
liberdade,
o pouco, muito pouco,
que se consegue controlar,

fogo, forró e falta,
um verso que se vira para o sol
como todos os outros

o guizo substitui meu passeio
nas plantações.

TRIZ

trinta e oito mil
dentro e fora
dos gráficos,
das florestas,
das torres,
casas de marfim,
pau a pique

um copo vazio sobre a mesa,
uma caneca de guerras,

a linha que desce flanando
e prende-se à janela
(podia ser pena,
lenço,
fita amarela)
qualquer coisa menos real

um porta joias lotado
de anéis inúteis
uma lixa de unha
um cordão no pescoço
uma única pérola

as duras cutículas
dos dedos
cavuco como terra,

peso que se arranca
transformado em

valas.

DESFEITA

ele saiu
foi à praia
fez questão de esfregá-la
nos nossos olhos

a cor das areias impuras
o mar desanuviado
azul-impulso,
livre
(in)consciente

ele é uma afronta
a todos os tipos de prisões.

praguejar
endurece as ondas.

CASTANHOLAS

distâncias de espinhos
aproximam os lugares

uma flor flutua
derrama
pólens de pesadelo
no mesmo tablado
onde bato os pés
de teimosia e flamenco

a flor segue em direção à boca
que se fecha em seu cabo difícil
perfura a língua
[carne viva]

o arame farpado
sangra nesta coisa
de um dia de cada vez

o vizinho de baixo reclama
dos lamentos do sapateado

saltos que esmagam
as ideias perdidas
e a vontade de sacudir
uma saia mais rodada.

DÉCIMA SEXTA SEMANA

ainda falta preencher
um nicho na parede
único adorno na sala dos pratos,
das terras que ainda não aconteceram

a ausência do prato que falta
desenha uma cabala invisível,
sem previsão de existir

os pratos vizinhos,
daquele prato que não se vê,
vieram de lugares longínquos
até o meu coração deformado

estrela de sete pontas,
vórtices de paciência,
um vendedor de latão do Egito
entregou aquele outro

seis nichos para seis pratos
falta um, aquele fantasma

o prato invisível ativa os lugares
que não se pode estar
para encontrá-lo.

POEMA 26

Vinte e seis poemas passaram voando.

NABUCODONOSOR

[para Willian Blake]

uma ponte pênsil
liga o jardim
à minha janela

do lado de lá
o sonho do rei,
animal sem cor

ele se agacha, se arrasta
enlouquecido, fora da caverna

[se existe Deus, não faz sentido]

a cabeça grudada nos ombros
 desarmonia dos olhos
a barba longa, poluída

o homem é um bicho que pasta no jardim

só precisava organizar umas coisas
naquela cabecinha!

ele se ergue, assombrado
os pés se equilibram
as unhas compridas
cravam a corda bamba

neste mesmo tempo,
busco

uma tesoura.

DORMÊNCIA

quase todos os dias
sonho com as duas mãos
arrancadas de mim,

nada está morto,
além delas,
não o amor, ou o corpo
apenas as mãos e seus dedos

formigas
passeiam pelas falanges,
carpo, metacarpo
da ponta do dedo
até os pulsos

[abertos]

quarenta e oito mil
covas para os corpos,
mais uma covinha
para duas mãos.

ÓBICE

queria sair um dia,
para jantar com você

um lugar semifino,
um vinho semi fino,
nada muito barulhento,
por favor
que é para eu ouvir direito
suas vogais abertas

a mesa é uma circunferência
que pontua nossa equidistância

velas em candelabros
dois vasos de flor de papel
[são begônias encarnadas]

e um vidro entre nós
a separar nossos pobres

espirros.

LUGAR COMUM

o poeta deseja asas
nas têmporas,
nas costas
nos genitais
nos calcanhares,

asa em tudo!

anjo, cupido
quer andar
no topo dos álamos

virar sereia-pássaro,
drone, nave,
lanterna, dirigível,
Bob Dylan!

ser a pena branca
do Forest Gump,
saltar de bungee jump
no Canal de Corinto

o poeta quer ser mais que um

pássaro.

ROL

primeira onda

negacionismo
máscara
pulmão
leitos
respiradores
mortes
valas

aglomeração
facismo
antifacismo
fake news
live

lockdown
isolamento
fechamento
distanciamento

medidas
circulação
transmissão
taxa

média móvel,
curva
subida
platô
descida

retomada

segunda onda.

VANGLÓRIA

queria escrever   poema
                                             sobre
o eclipse   do   sol

                         mas
a lua

                                    entrou

                              na frente.

TRINTA E OITO GRAUS NO CÍCULO POLAR

vinte e dois em São Paulo,

ventos do sudeste não me levam
para canto algum

há um silêncio repentino
dos latidos dos cachorros

a mesa branca
debaixo da janela
recebe estes versos dilacerados

abafam-se os timbres,
encontros vocálicos,
a máscara bloqueia
a melodia dos sotaques

tudo está dentro de
bolhas,
acrílicos,
escudos,
sacos,
caixões

um quarteto de cordas
dá show para duas mil plantas
na plateia

    teia de imagens vem
dejá vu,
    letras gravadas
    na camiseta preta

o sol da meia-noite
volta e meia
derrete as calotas
da vida

o aviãozinho de papel
passa voando
carregado de perguntas

perde o controle e
cai na
    Lapônia.

CASA DE ASAS

não sou como tu, conectada ao cosmos
arcanjos e auroras
mentaliza luzes violetas,
canta mantras
distribui quietude, mansidão

a única coisa violeta que passou perto de mim
murchou,
sonho com esta flor todas as horas
a cor não suaviza as paredes
nem os lençóis onde me deito

a Nasa furou o campo de força
da Terra
enquanto um canário pousa no
seu jardim vertical

tudo que vejo até agora
só quer flutuar
ao som do Metallica

eclipse do sol
falcatruas
nuvem de gafanhotos
mazelas

tempestade do Saara
assassinatos
terremoto de alta magnitude

cinquenta mil cadáveres cercam

minha casa
        de asas.

QUARTO DO GRITO

Sonhei que perdia minhas mãos
como nas outras noites,
todas.

BLEFE

não se engane
com essas ideias que só prestam
para série de *streaming*
essas ideias aí, ó
aguardentes,
tolas

não se pode falar
não se pode dizer
são aquelas ideias
impronunciáveis

de incerto já basta o mundo
[o absurdo lá de fora]

mas não se engane
pare de imaginar
abandona,
solta, anda!

aquilo ali
não dá em nada.

OLHEIRAS

este círculo escuro
ao redor dos seus olhos
o que foi?
não está dormindo, Zoroastro?

o que acontece com o senhor?
com essa fala mansa
tarado por números
e a lista dos mais vendidos

sugiro um microagulhamento
o uso contínuo de pepino
descanse comigo, Zoroastro,
somos o Bem e o Mal,
[os dois juntos dá muito certo]

posso circular em seus olhos
abrir e ver lá no fundo
a íris, o cristalino
o túnel da alma

eu e outras tantas,
te queremos, Zoroastro!

SÃO JOÃO DISSE QUE NÃO...

o tempo não pode usar chita,
palha,
não pode com fita

[o tempo perguntou para o tempo
quanto tempo o tempo resiste]

e o próprio tempo respondeu que
não vai dançar quadrilha
na nossa frente

é ridículo.

CANTO ALGUM

um pingo de fim
de junho,
de chuva de junho
é um pingo de pranto

lá fora, o asfalto
no charco
picha o escuro

um caminhão passa
e espirra a poça
molha-me de longe
no alto da janela

o sono dos deuses
só foi dado aos gatos

os cacos de vidro,
cato no sonho
vejo as coisas arrancadas
uma sujeira que quer
ser limpa

não vou sair agora
para o mundo
não há canto algum

a Ave Maria na sanfona
nunca vai ser suficiente

pelo menos
os raios estão mais puros
o céu aliviado

enquanto o raio cresce de tamanho
eu diminuo

reduzo desejos impossíveis
com um tipo de frieza
no sangue

a primeira música que poderia tocar
é das estrelas.

(DE)VASTIDÃO

noventa mil no abismo
           das palavras

uma lágrima escorre
no canto do olho

logo mais, vem a prece
para tudo

folhas da Bíblia não são suficientes,
nem cenas dum filme erótico,
"versos à boca da noite",
chocolate sobre chocolates

no espaço, a prancha de surf
[não ouço o mar daqui]

os pés descansam sobre as almofadas,
não há conforto no poema,
no oco,
no amor que
quer ver a lua,

na parede, um quadro de golfinhos,

dá vontade de quebrar.

QUADRADINHO

todos se enfiaram dentro do
quadradinho,
o quadradinho de reza,
de canto,
debates e
papo furado

[novas lendas estão
se formando no universo]

quer aparecer?
se ajeita, dá *start*

mas antes,
arrume esse cabelo
desgrenhado,
essa franja no olho, menina!

pode ter dois, duzentos
dois mil olhando
suas conquistas
de peixe
[fora d'água],
tubarão em alto mar,
orca que nada com surfistas,

todos se tornaram artistas,
apresenta[dores],
comunica[dores],
expecta[dores]

as almas sempre foram virtuais,
a alma gêmea é virtual,
almas vendidas e não vendidas,
engolem sapos
macarrão ao molho sugo,
e sobrevivência,

maria vai com as outras,
joão, vem comigo!
vamos fugir lá para casa do Caetano,
que tem uma estante bonita!

O BARQUEIRO

guardou sua moeda para dar ao Caronte?

quem sabe uma nota
de duzentos reais,
se você for rico,

se for pobre,
entregue cinco centavos,
do auxílio

se for escritor,
arranje um óbolo,
dignifica com moeda antiga,
se ofereça para remar
junto com ele

meu incansável Caronte!
atravessa a todos,
qualquer um,
sem preconceito

[se a morte se torna intrigante
é por sua causa],

filho da noite

irmão do sono
seu barco é a travessia
entremundos,
inframundo,
giramundo,

baldea,
mais de cem mil
na sua barca triste
de
        pau-Brasil.

A LIBERDADE DA LUA

[para Remedios Varo]

A lua crescente
está dentro da gaiola
[não, eu]

coloco-a no cadeirão de bebê
abro o pote da papinha
cenoura, batata,
xuxu, abobrinha,
mix de luz estelar
jogo processa[dor]

a lua come direitinho
não precisa baba[dor]
apesar de tudo,
é educada

alimento-a
com fé desanimada
sua última refeição brilhante

depois de bem nutrida,
deste prato de egoísmo,
levarei a gaiola até a janela

e abrirei sua porta.

NEBRASCA

Nebuloso asco,
vertigem dos primeiros passos
na rua,
seguem na contramão
até a praça da igreja
São João de Brito

incrédulos
na fé
na gravidade

na estrada do rio soterrado
uma camada de gelo imaginário
trinca o além

rachaduras saudades da rua

sortilégio, loucura
as coisas sem nexo
brevidades, bairro,
sensores

cachorros ladram nos portões
bicicleta e bicos
esporte, espelhos

desníveis e folhas secas
transportam para muitas vidas
um dia, 17° graus,
no outro, 37° graus,

mais mortos noticiados,
queima das máscaras,
mais mortos, mais mortos,
e o tempo passa lento,
nos incêndios que ardem
distantes das cervejas,
dos bares,
candidatos e santinhos

[não sobra coragem para pintar as unhas]

a rua da igreja, seus vitrais
aproximam-me – lânguida
donde se pode ouvir

os sinos mudos.

O PANTANAL NÃO É ROMA

Foi preciso um incêndio
para me levar até aquela onça
com as patas em carne viva,
as garras arrancadas,
presas que rasgam o amor

Foi preciso combustão e alastro
para me levar até aquela iguana
seca, na brasa do labirinto,
camuflagem desnuda desesperos

[S.O.S é um poema
que não salva a selva]

o Pantanal é faísca
         na boscagem
soutos, brenhas, capivaras

o Pantanal é arritmia

os cabelos brancos da senhora
que empurra o tonel d'água,

livra o neto,
o cachorro magro,
as penas azuis das araras
que adornam as escolas de samba

carnes do boi bombeiro
fazem vomitar

o Pantanal é queimor
fumaça
enganos.

ANTES DO FIM

[para Hildegard Von Bingen]

eu sei fazer letra linda,
capitular, ÉFE solene,
das iluminuras medievais,
sei ler, escrever e ponto final

a panela de pressão
explode comigo,
desastrosa[mente],
a cebola que me corta
faz chorar

muitas coisas deram errado,
menos o vento que
levita cortinas puras

a única coisa que faz sentido
é teu canto,
poesia que emudece
a prece das mulheres
de todos os tempos

a abadia se perdeu,
na chama acesa

do candeeiro,
uma vela escorre
a guerra dos pensamentos

não há sinal algum
nenhuma bandeira de paz

a morte segue em aberto.

Este livro foi composto em Sabon LT Std
e impresso em papel pólen bold 90 g/m²,
em novembro de 2020.